맛있는 어린이 인문학 8

토마토

미셸 프란체스코니 글 | 니콜라 구니 그림 | 김영미 옮김 | 김옥례 감수

내인생의책

해적들이 바다를 누비던 시대*, 토마토가 범선**에 실려 바다를 건넙니다.
유럽의 뱃사람들이 '아메리카'라고 이름 붙인 대륙을 발견한 지 얼마 지나지 않은 때였어요.
그곳에는 원주민과 더불어 많은 양의 금, 과일, 채소 들이 있었지요.
이렇게 토마토가 바다를 건너 유럽으로 갈 때
감자와 강낭콩, 옥수수, 호박, 파인애플도 함께 배에 실렸답니다.

* 지금으로부터 약 500~600년 전 아메리카 대륙 탐험과 대서양 무역이 활발하게 이루어지던 시기.
** 돛을 달아 바람의 힘으로 움직이는 배.

우리에게 친숙한 이 식물들은 그때 처음으로 중앙아메리카 대륙을 떠나왔어요.
유럽 사람들은 생전 처음으로 이 식물들을 눈으로 보고, 손으로 만지고 나서
매우 놀라워했지요. 하지만 불행하게도 이 식물들을 먹겠다는 생각을 못 했어요.

토마토는 빨간빛에 보드라운 촉감을 가진 아름다운 식물이었어요.
게다가 냄새까지 좋았고요. 사람들이 토마토를 식용작물로 키우기 전까지
토마토는 꽤 오랫동안 정원을 꾸미는 식물로 쓰였지요.

그런데 이 앙증맞은 식물을 무엇으로 분류해야 할까요?
과일일까요? 아니면 채소?

과일이에요! 식물학자가 말했어요.
토마토는 다른 과일처럼 꽃에서 나왔으니까요.

채소에요! 요리사가 말했어요.
토마토는 여느 과일처럼 단맛이 나지 않아서 주로 소금을 친 요리에 들어가니까요.
그래서 토마토는 채소 같은 과일, 과일 같은 채소라고 할 수 있어요.

그냥 먹어도 좋고, 요리해 먹어도 좋은 토마토!
토마토를 먹으려면 먼저 재배를 해야 해요.
먹는 방법에 따라 토마토 품종도 달라져요.

알맞은 씨앗을 골라 키워 그 꽃을 교배*시킵니다.
이런 식으로 사람들은 조그마한 야생 토마토에서
여러 모양과 크기, 빛깔을 가진 토마토 품종을 만들어 냈답니다.

과육이 많고 새콤하거나 더 달콤한 토마토까지,
토마토 종류를 다 세어 보면 무려 15,000가지가 넘어요.
토마토 이름을 종이에 적는다면 아마 두꺼운 책 한 권은 만들 수 있을 거예요.

* 생물의 암수를 인위적으로 수정시켜 다음 세대를 얻는 일.

방울토마토는 한입에 쏙 들어가지만
'마르망드 토마토'*는 한 개만 담아도 샐러드 접시가 가득 찰 정도로 커요!

앙딘 코르뉘

델리스 뒤 자르디네

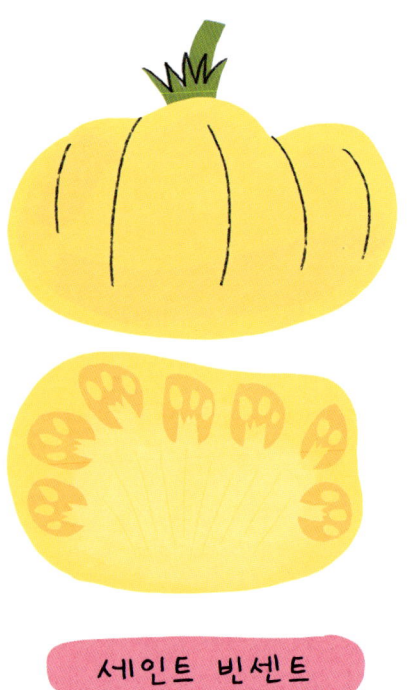

세인트 빈센트

퍼플 칼라배시

미라벨 블랑슈

그린 제브러

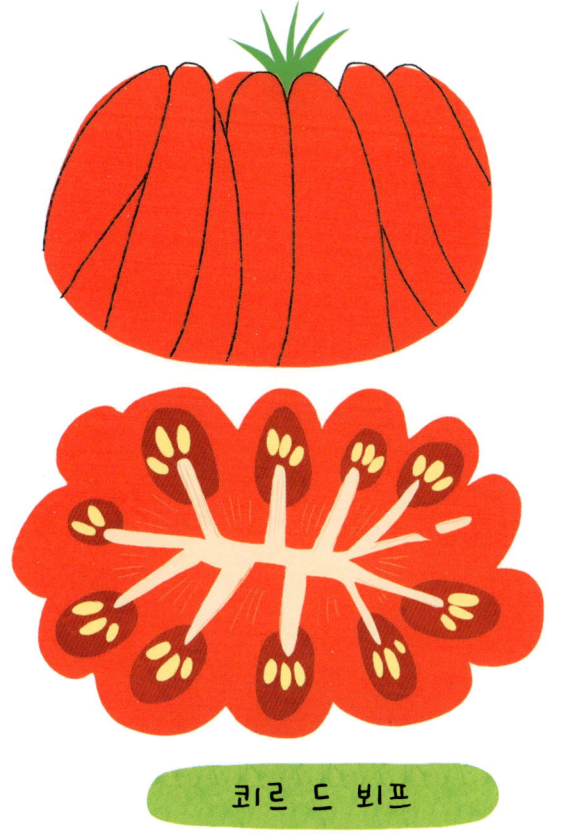

쾨르 드 뵈프

누아르 드 크리메

* 프랑스 마르망드 지역에서 유래한 대형 토마토의 한 유형.

토마토를 자르면 씨가 보여요.
3월에 땅에 씨앗을 심고 잘 돌보면 6월이 되어
향기로운 토마토를 볼 수 있지요.
늦여름이 되면 4~6kg의 토마토를 딸 수 있어요.
그 후에 날이 추워지면 토마토 줄기가 말라 버린답니다.

내년 여름에 또 봐!
우리는 새로운 씨앗을 심을 거예요.
토마토는 자라는 데 햇볕이 필요해서 여름에만 크고 추위를 무척 싫어한답니다.

한겨울에 자라는 토마토는 없어요.
그런데 사실…….
추위를 막아 주는 따뜻한 온실이 있다면 겨울에도 토마토를 기를 수 있어요.
온도를 높이고 물을 잘 주면
일 년 내내 먹을 만치 아주 많은 양의 토마토를 얻을 수 있답니다.
여름에도 토마토를 못 기르는 몹시 추운 나라에서도 말이죠.
온실 안에서 자라는 토마토라니? 정말이지 이상한 모습이지요?

토마토는 익기 전에 따서 기계로 분류해요.
그 뒤 상자에 담아 커다란 냉장고 안에 넣어 두지요. 나중에 트럭으로 수천 km를 달려 곳곳의 시장과 가게로 이동할 때까지 냉장고 안에서 기다리는 거예요.

토마토들이 흔들려서 구르고 부딪혀요.
터지기 쉬운 불쌍한 토마토들을 이렇게 대접하다니!

그래서 농학자들이 껍질이 단단한 토마토를 만들어 냈지요.
얼마나 단단한지 알아보려고 1m 높이에서 토마토를 떨어뜨려 봤어요.
흠조차 나지 않았어요!
실험은 대성공이에요. 토마토의 맛이 없어진 점만 빼고요!

더 놀라운 건 흙이 없어도 토마토를 기르는 방법이 개발됐다는 거예요.
영양소가 담긴 물을 사용하면 흙 없이도 토마토를 기를 수 있지요.

요즘에 토마토는 농장에서 대규모로 재배합니다.
해충과 질병에 시달리지 않도록 토마토에 농약을 뿌리기도 하고요.
하지만 그건 환경에 해를 끼치는 방법이랍니다.

옛날처럼 범선에 토마토를 실어 나르지도 않지요.
토마토를 제일 많이 키우는 중국은 매년 1억 6천만 톤의 토마토를
거대한 컨테이너선에 실어 다른 나라에 팔아요.

토마토 통조림, 말린 토마토, 토마토 농축액, 토마토 주스, 토마토 소스…….
토마토는 다양한 형태로 바뀌어서 세계 여행을 한답니다.
지구 곳곳, 구석까지 안 가는 곳이 없지요!

바다호

토마토는 아메리카 대륙이 원산지예요. 케첩이 탄생한 곳도 바로 그곳이지요.
케첩은 토마토에 소금, 설탕, 식초, 향신료 등을 섞어서 만든 소스랍니다.
케첩 공장에서는 토마토 수천 톤을 사용해서 케첩을 만들어요.
큰 공장에서는 일 년에 무려 6억 병의 케첩을 만들어 내기도 해요!
이걸 다 먹으려면 얼마나 많은 사람이 필요할까요?

그냥 먹어도 좋고, 요리에 넣어도 좋은 토마토!
하지만 환경을 생각한다면 겨울에 토마토를 찾는 건 좋지 않아요.
뭐든지 제철에 먹는 게 좋은 거랍니다. 토마토도 예외가 아니에요.
그리고 내가 사는 곳에서 재배한 토마토가 가장 신선하고 맛있지요.
토마토를 운송하는 동안 생길 환경오염도 막을 수 있고요.
여름의 시작을 익어 가는 토마토 향기로 알 수 있다니 생각만으로도 멋지지 않나요?

자연의 모습을 그대로 간직한 다채로운 토마토와 비교한다면
대량으로 키워져 유통되는 토마토는 밋밋해요.
맛이든 색이든 모양이든 모두 하늘과 땅 차이에요.

직접 토마토를 기를 수 있다면 더 좋지요.
두세 그루의 토마토를 심는 데는 많은 땅이 필요하지 않아요.

씨앗만 있다면 좋은 토마토를 기를 수 있어요.
아마 우리는 토마토 본연의 맛과 빛깔, 모양을 볼 수 있을 거예요.
잊지 마세요! 마지막 수확을 끝내고 반드시 씨앗을 거둬서 보관해야 해요.
겨우내 씨앗을 말려서 3월이나 4월께에 다시 씨앗을 심어야 하니깐요.

친환경적인 방법으로 토마토를 기르는 농부도 있답니다.
제철에 토마토를 키우고 화학 살충제는 쓰지 않는 것이죠.
대신 진딧물을 잡아먹는 무당벌레를 키우고
다른 해충을 쫓아내는 마리골드*를 심어요.

어떤 농부들은 척박한 땅에 토마토 심기를 도전했어요.
결과는 성공적이었어요!
심지어 해를 거듭할수록 토마토가 더 많이 열렸답니다.

* 금송화, 금잔화로도 알려진 국화과의 꽃.

이런 방법으로 키운 토마토는 농약을 뿌리고 비료를 줘서 기른 토마토만큼이나 빠르게, 많이 자란답니다. 단, 제철에만 재배할 수 있어요.

과일과 채소를 사시사철 키울 순 없어요.
우리가 그것들을 언제나 먹을 수 있다고 믿어 버리면
결국 과일과 채소는 제 특성을 잃고 말 거예요.
자연스럽고 균형 잡힌 생태*, 그것을 잃는다면 토마토의 종말이 올 거예요!

* 생물이 살아가는 모양이나 상태.

토마토는 우리 몸에 유익한 무기질과 비타민 A, C, E를 공급해줘요.

토마토는 열량과 당분이 낮은 식품이라 많이 먹어도 괜찮아요!

멀리서 오는 토마토는 운송 중에 다 익어요.

겨울에 살 수 있는 토마토는 온실에서 자란 거예요.

유기농(ORGANIC) 표시는 이 통조림에 들어간 토마토가 농약과 화학비료를 사용해서 재배되지 않았다는 의미에요.

적은 양의 흙만 있으면 베란다에서도 직접 토마토를 키울 수 있어요. 2월에서 3월 사이에 씨앗을 심고 흙을 덮어 주요. 그리고 정성을 다해 물을 줘야 해요.

3월이나 4월이 돼서 줄기에서 잎이 5~6개까지 핀다면 토마토를 작은 화분에 옮겨 심어요.

늦은 봄에 땅에다가 15cm 깊이의 구멍을 파요. 그리고 화분에서 토마토를 옮겨 심고 줄기를 받쳐 줄 버팀목을 같이 세워 주요. 그리고 다시 흙으로 구멍을 메우고 물을 준 다음 토마토가 익을 때까지 기다리면 됩니다.

맛있는 어린이 인문학 시리즈

자연의 품에서 자라 우리 식탁에 오르는 다양한 먹거리들
어디서 왔는지, 어떤 과정을 거쳤는지
어떻게 하면 더욱 건강하게 즐길 수 있는지 어린이와 함께 생각합니다.

❶ 설탕 　미셸 프란체스코니 글 | 니콜라 구니 그림

❷ 우유 　프랑수와즈 로랑 글 | 니콜라 구니 그림

❸ 달걀 　필립 시몽 글 | 니콜라 구니 그림

❹ 빵 　　프랑수와즈 로랑 글 | 니콜라 구니 그림

❺ 사과 　안느-클레르 레베크 글 | 니콜라 구니 그림

❻ 꿀 　　프랑수와즈 로랑 글 | 니콜라 구니 그림

❼ 쌀 　　프랑수와즈 로랑 글 | 니콜라 구니 그림

❽ 토마토 　미셸 프란체스코니 글 | 니콜라 구니 그림

〈맛있는 어린이 인문학〉은 계속 출간됩니다.